Tanja "Lulu" Play Nerd

AF222994

LYRIKVIRUS

Engagierte Weltlyrik

2017 - 2024

3. erweiterte Auflage

ÜBER DIE GESAMTWERKAUSGABE (60+2 TEXTE)

Kurz vor den Wahlen zum Deutschen Bundestag im September 2017 entstand das Auftaktmanifest *WÄHL DAS LEBEN!,* das auch weiterhin für nur 99 Cent als separates eBook erhältlich ist.

Die unerwartete positive Resonanz darauf (das Manifest wurde von der Liga der Leeren als Gastbeitrag übernommen und das eBook bereits am Erscheinungstag hundertfach gedownloadet) führte bei Lulu zu einer Kehrtwende in ihrem literarischen Schaffen: seit Oktober 2017 schreibt sie *"normale, echte"* Gedichte fern von ihrer früheren Aktivität als Slampoetin in der Schweiz.

Nachdem zahlreiche Gedichte online als Gastbeiträge für den Poesiesalon des 3.Offlyrikfestivals, das ehemalige Autorenarchiv Fixpoetry und die Lyrikzeitung erschienen, publizierte sie im März 2018 ihren Debutband *LEB JETZT!* mit den ersten Gedichten. Der zweite Band enthielt neben neuen Gedichten auch Beispiele ihrer Emojikunst als Popart-Parodie. Es folgte ein dritter Band, aus dem ein Spitzengedicht vom österreichischen Magazin Perspektive präsentiert wurde, sowie das Nahbellpreis-Interview als Heft. Zudem erschienen die englischen Gedichte als eBook-Compilation.

© *Tanja "Lulu" Play Nerd 2025*

Verlag: BoD · Books on Demand GmbH, In de Tarpen 42, 22848 Norderstedt, bod@bod.de

Druck: Libri Plureos GmbH, Friedensallee 273, 22763 Hamburg

ISBN: 978-3-7597-3028-2

"Dieses lyrische Ich steht mit dem Rücken gegen die Wand aus Verteidigung und Aggression. Es verteidigt sich gegen die Mitte, die rückt an. Sie sind krank, sagt diese Mitte, das ist kein gesundes Innenleben. .. Diese Mitte will Ihnen vorschreiben, was Sie dichten und denken dürfen, unter welchem Gesichtspunkt Sie dichten und denken dürfen, und sie will Ihnen sogar dabei helfen, sie liefert Ihnen Psychotherapie, Psychosomatik, die Sie gebrauchsfähig machen soll, sanieren, harmonisieren mit Umwelt, Überwelt, Unterwelt, sie rücken an mit Assoziationsversuchen, Meditationsverfahren, fraktionierter Aktivhypnose, Gemeinschaftsübungen, Einzelübungen, Forthauchen von Komplexen, dafür liefert sie Ihnen den konstitutionsgerechten Neuaufbau der neurotischen Persönlichkeit, und wenn Sie das alles auf Kosten der Krankenkassen haben über sich ergehen lassen, dann sind Sie vielleicht wieder verwendungsfähig, sagen wir vierzig Tage in der Textilindustrie. .. Alles möchte dichten das moderne Gedicht, dessen monologischer Zug außer Zweifel ist. Die monologische Kunst, die sich abhebt von der geradezu ontologischen Leere, die über allen Unterhaltungen liegt und die die Frage nahelegt, ob die Sprache überhaupt noch einen dialogischen Charakter in einem metaphysischen Sinne hat. .. Die ganze Menschheit zehrt von einigen Selbstbegegnungen, aber wer begegnet sich selbst? Nur wenige und dann allein."

Gottfried Benn: Probleme der Lyrik, 1951

LYRIKVIRUS - Engagierte Weltlyrik

Gesamtwerkausgabe aller Einzelbände 2017 - 2024

2017: **WÄHL DAS LEBEN !**

2018: **LEB JETZT !**

2018: **SPÜR SINN !**

2019: **SEI MEHR !**

2020-2024: **UMARM DICH SELBST !**

"Es ist nicht meine Sache, zu beschönigen oder zu provozieren, sondern meinen Teil an Erfahrungen und Einsichten zu liefern. Aber man entgeht weder sich selbst noch der Zeit. Noch vor dreißig Jahren habe ich mehr Leidenschaft in meine Schriften gelegt, vor fünfzig Jahren mehr Hoffnung oder auch Naivität. Heute weiß ich, daß vom Menschen und seiner Geschichte nichts zu erwarten ist."

Claire Goll: Ich verzeihe keinem, 1976

Tanja
Play
Nerd

WÄHL

DAS

LEBEN

!

ALTERNAHTIEFE MEDITATION

WÄHL DAS LEBEN! Verneige Dich vor Deiner Lebendig-
keit! Das Leben verneigt sich vor sich selbst! LEBEN
WÄHLT LEBEN! Niemand verneigt sich! Du bist nur DAS
LEBEN selbst! Ohne Dogmen! Ohne Ideen! Ohne Theo-
rien! Ohne Ideologien! Ohne Konzept! Ohne Programm!
Ohne Tamtam! Ohne das alles! Ohne Für oder Gegen! Wir
brauchen keine Strategen! LEBEN LAUTET DIE STRATE-
GIE! Nicht das Warum! Sondern das Wie! Die Politik sagt
Dir immer nur: Wer! Aber das Leben sagt: setz Dich zur
Wehr! LEBEN WÄHLT LEBEN! UND KEINE PARTEI! Die
Programme programmieren nur! Aber das Leben sagt:
SEI! Darum wähle das Leben! Der Verein ist egal! Weder
links außen noch rechts liegt die Wahrheit! Und die Mitte
ist leer! Nach der Depression kommt die E F G Pression!
(Das war jetzt Dada, das tut mir leid) Nochmal: DIE MITTE
IST LEER! Doch Dein Ego zentnerschwer! Jeder Politiker
füttert Dein hilfloses Ego. Jede Partei will Deine unter-
drückte Stimme. Aber egal, welchen Verein Du jetzt
wählst, nachdem Du Dich durch die Programme quälst:
Dein tagtägliches Leben ist superecht! Dein Gefühl FÜR

DAS LEBEN hat Recht! Darum geh wählen oder geh diesmal nicht – ganz egal: die unendliche Wahrheit liegt vor Deinen Augen im Tageslicht! LIEBE DAS LEBEN, DENN DAS LEBEN LIEBT DICH! Wer die Liebe frei wählt, hat das unschuldigste, ehrlichste, schönste Gesicht! Wenn Du wählst, wähle mit aller Konsequenz: werde Mitglied der Sekte und löse sie auf! Unterwandere! Höhle sie aus! Leg sie trocken! Geh barfuß (ohne Socken) ins Parlament! Zeig Deine nackte Haut und sage es laut: ICH HASSE PROGRAMME! ICH HASSE PARTEIEN! ICH HASSE POLITIKER! UND DIE VEREINSMEIEREIEN! Ich bin nur ein Mensch! Und ich liebe das Leben! Was soll ich denn mehr als das Leben anstreben? Es gibt kein *"links außen"* und es gibt kein *"radikal"*, weder *"rechts"* noch die *"Mitte"* – jedes Lager schmeckt fahl! Ich will das Leben, das ganze Leben! Ich trinke das Leben! Das Leben trinkt mich! Meine Schwestern und Brüder auf diesem Planeten: trinkt den lebendigen Alltag! Trinkt alles gemeinsam aus – oder versinkt! Wenn Ihr MEHR LEBEN wollt: lebt und verlinkt!!!

LEB

JETZT

LEB JETZT !

09.09.2017: **ALTERNAHTIEFE MEDITATION**

19.10.2017: **fürwahr (vor deinem tod)**

21.10.2017: **rinnsal schicksal**

24.10.2017: **gedächtnisspeicher (kaputtes kulturerbe)**

29.10.2017: **nacktes über-leben**

22.11.2017: **spirituelle verwahrlosung (safari-satsang statt satori)**

20.12.2017: **doppelsarg**

28.12.2017: **frag doch papst silvester! (sodomie mit engeln)**

01.01.2018: **weltformel**

03.02.2018: **birthday neuroplasticity**

06.02.2018: **zur geburt der plastischen nervosität**

13.02.2018: **s(k)in beauty: workout statt burnout**

(valentin, wann ist 2018 aschermittwoch?)

18.02.2018: **er.zähl.ung / accoun.tale**

27.02.2018: **zuhause**

08.03.2018: **weltfrauen / world women**

fürwahr

(vor deinem tod)

für was würdest du alles liegen und stehen lassen?

für was wärest du sogar bereit zu sterben?

für was gibst du alles und bereust danach nichts?

für was springst du über deinen schatten aus angst?

für was fühlst du so stark daß dich kein schmerz davon abhält?

für was brennt deine seele?

für was sprüht dein geist?

für wann willst du dir das bedürfnis aufheben?

bis wann willst du die sehnsucht unterdrücken?

dein einmaliges leben ist deine einmalige chance!

fürwahr: es gibt keinen einzigen augenblick,

der geeigneter ist als genau jetzt ...

rinnsal schicksal

ein kleiner fehler und

schon lastet die schwere

des ganzen lebens auf

diesem unschuldigen tag

wir waren liebende

jetzt sind wir fremde

die zukunft wurde

leicht verändert

gedächtnisspeicher
(kaputtes kulturerbe)

dein ganzes leben ist

eine einzige anhäufung von müll

biologischer müll und biografischer müll

ökologisch verwertbarer müll

soziologischer müll psychologischer müll

religiöser müll und der daraus entstandene

kriminelle politische emotionale müll

dein ganzes leben ist eine müllhalde

dein ego deine gesamte identität

deine kontakte und deine kommunikation

alles verseucht und belastet entsorgt

aus dem blickfeld des alltäglichen trotts

aus der routine der tagtäglichen rituale

du lächelst du leidest du dramatisierst und

du meditierst dich in ein vergiftetes

scheingleichgewicht denn du liegst selber

in beiden waagschalen du bist all die fragen

und du bist auch die antwort du bist dieser

müll und der mensch der ihn macht

nacktes über-leben

worauf läuft das ganze hinaus bist du dir überhaupt

deiner sterblichkeit bewusst neun monate brauchst du

um geboren zu werden neunzig jahre um zu sterben

warum schaust du nicht in das pralle leben hinein

warum fragst du dich nicht wer oder was da schaut

glaubst du es gibt einen geist hinter deinen augen

oder die seele versteckt sich unter der haut was wäre

wenn alle hüllen fallen und darunter nichts übrig bliebe

nichts was das universum zusammenhält keine kraft

die das gesamte bewegt alles wäre letztendlich nur

einfach da und die augen empfangen das wahre licht

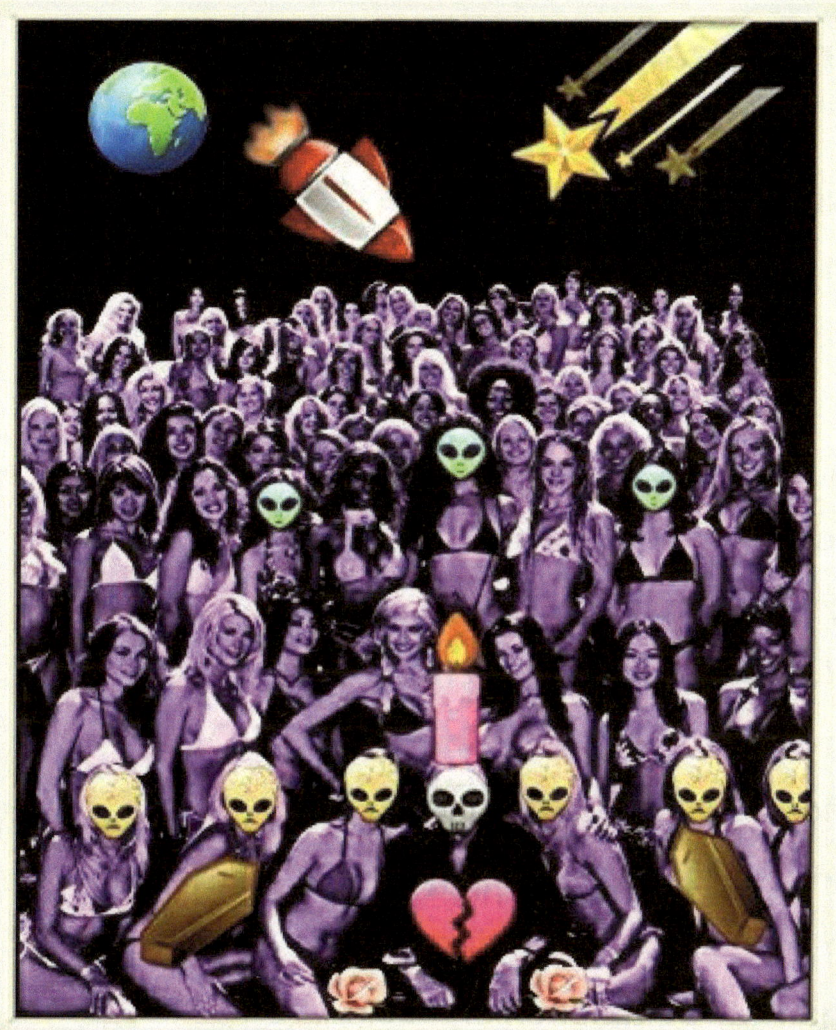

spirituelle verwahrlosung
(safari-satsang statt satori)

an diesem heiligen heutigen tage

an dem das sensible sonnenlicht

derart entspannt auf der haut liegt

als wäre die ganze natur nur ein film

auf der leere eine patina über dem

nichts das uns im tode auflauert

erklingen die kirchenglocken

ganz gleich welcher religion nur

wie der blanke hohn der kulturen

die hilflos bemüht sind das leben

zu definieren anstatt es mit eigenen

fühlern zu fühlen und laut durch

die gegend zu schreien: hier ist es!

das leben das einzige wahre das

greatest gift of no god but itself

mister trump and miss merkel

you gotta get in to get ooohuuut

aber die schöpfung ist im 21.jhd

so erschöpft wie noch nie buddha

zeigt dir seinen erleuchteten

stinkefinger beim meditieren

die kinder verweilen in der sozialen

verwahrungsanstalt bis sie diesen

letzten allerletzten bissen in sich

hinein würgen und beten daß mama

sie abholt und diesen schmerz

wegschmust aber sie kommt nicht

sie schafft das geld für die erlösung

(die nie kommt) in der ferne an und

lässt grüße bestellen in einer sprache

die der erzieher in rituale übersetzt

die wir das ganze verfluchte leben

lang wiederholen in form von voll-

endeten nie hinterfragten bezieh-

ungsdesastern wer sich trotzdem

sucht geht auf safari denn nashörner

sind leichter zu töten als buddha

satori passiert selbst dem papst

nicht vor weihnachten der letzte

tiger bucht einen satsang bei alten

elefanten mit heiligemschein aus

herumschwirrenden bienen jetzt

ist die weltlage durchschaubar

die sonne scheint DURCH diesen

körper HINDURCH als wäre da gar

kein hindernis zu überwinden an

diesem heiligen heutigen tage

wünsche ich mir kleine wunder

verteilt auf den ganzen planet

aber wer bin ich und wo sollte

ich DAS schon beantragen! denn

alle büros haben geschlossen es

ist ein besonderer feiertag: der

erste welttag des weltuntergangs

doppelsarg

gut sichtbare regentropfen

die gerne schneeflocken wären

verfangen sich sanft plätschernd im nebel

der kahlen bäume wie damals als großmutter

mir warmes essen nach draußen reichte damit

ich das spielen nicht unterbrechen brauchte

doch heute bin ich nicht mehr alleine und

einsam und wohlbehütet denn du hast mich

wiedergefunden und dein gesicht deine stimme

dein blick deine haut deine lebensfreude und alles

was mich an dir so berührt daß sich das wetter

in meinen augen verfängt wärmt meine seele

macht mich melancholisch und zu einer ganz

schlechten dichterin ich habe mir all diese großen

vokabeln verboten aber es IST liebe und dankbarkeit

und der verfluchte ersatz für das göttliche denn

wir werden nicht immer so zärtlich sein nein

der tod ist noch immer das einzige unvermeidbare

das uns irgendwann trennt – aber wen trennt es?

wer sind wir? im tode bleibt nichts! darum bin ich

der glücklichste UND der traurigste mensch den

die liebe je fand mein gehirn hat sich das urteilen

zwar abgewöhnt aber mein herz, ja mein herz:

das gehört dir. kannst du es spüren: mein

knöcherner händedruck soll es dir sagen,

wenn keine andere möglichkeit bleibt …

frag doch papst silvester!
(sodomie mit engeln)

was macht mehr spaß zu beginn des neuen jahres:

kinder vergewaltigen oder hexen verbrennen?

flüchtlinge zum teufel jagen und diäten erhöhen?

das restbuffet spenden und die eigene oma vergiften?

selbstmord auf der yacht oder steuerzahler verarschen?

millionen für schmuck und die börse manipulieren?

deine eltern beschuldigen daß du ein arschloch bist?

oder die eigenen kinder zu thronnachfolgern verziehen?

die menschheit ist ein monster das sich selber foltert,

frisst und fickt und auf dem grabstein des planeten

steht in billigem blattgold geschrieben: wir waren

die krönung – jetzt muss das jenseits dran glauben!

weltformel

die toten sind alle mit uns

in der schönheit der natur

dem zarten sonnenstrahl

über der landschaft und

dem endlos weiten

blauen himmel

birthday neuroplasticity

my beloved dead mother

sent me a birthday cake

from heaven made of water

sugar and her belief in this

world that consists of

microsoft and microplastic

in my cells that are identical

with the quartz sand of my

little beach where i eat the

cake, myself and the ocean

in one as i love this very life

zur geburt der plastischen nervosität

meine geliebte tote mutter sandte

mir einen geburtstagskuchen vom

himmel aus wasser zucker und

ihrem glaube an diese welt gemacht

die aus microsoft und mikroplastik

in meinen zellen besteht die mit dem

quarzsand an meinem kleinen strand

identisch sind wo ich den kuchen,

mich selbst und den ozean

in einem vertilge so wie ich

genau dieses leben liebe

s(k)in beauty: workout statt burnout (valentin, wann ist 2018 aschermittwoch?)

die welt: eine ansammlung gefilterter

schnappschüsse -> abertausend voyeure

liken *"zwischenmenschliche wärme"*,

die polkappen schmelzen lässt

weltmeeresspiegel verwandeln

. . . new york in venedig . . .

du hast mir schon lange nicht mehr

gesagt, WARUM du mich liebst.

meine titten? noch runder als vollmonde!

die pobacken? viel fester als diamant!

aber am geilsten: DIE MYSTISCHE LEERE

ZWISCHEN DEN BEINEN – hier treffen wir

uns und besprechen die werbekampagne

für unsere faltenfreien favorite follower

genmanipulierter liebe kann niemand

widerstehen wenn megastringtangas

in tsunamis verwehen / kopfkarneval

kostenlos online die rosen sind #echt

aber die tränen und deine sehnsucht:

sie perlen von jeder second haut ab

als hätte die seele für immer #frei

er.zähl.ung

buddha berechnet

das unendliche ich

durch andauerndes

zählen der veratmeten

luftmoleküle

accoun.tale

buddha calculates

the infinite self

thru constant

counting the

respired air

molecules

zuhause

dein körper schmiegt sich

wie eine zweite haut

um meine seele

die ohne dich

ein kalter tempel ist

mit fenstern in eine

lichtdurchflutete leere

die unseren blumenstrauss

auf dem geputzten altar

erblühen lässt

weltfrauen

die parfumwerbung

behauptet *"ewigkeit*

jetzt" zwischen zwei

schaufensterpuppen

mit perfektem maß

während wir bei

der päpstin um

liebe betteln

world women

the perfume advert

claims *"eternity*

now" between two

mannequins with

perfect measure

while we beg for

love from the

female pope

SPÜR
SINN

SPÜR SINN !

21.05.2018: **world revolution day / weltrevolutionstag**

05.06.2018: **titelgeschichte**

08.06.2018: **datendating (kosmologie für coole loser)**

11.06.2018: **fakefame (von der apo zur apokalypse)**

28.07.2018: **künstliche liebe / artificial love**

23.08.2018: **plastikgebet / plastic prayer**

14.09.2018: **sacred sustainability / numinose nachhaltigkeit**

19.-22.09.2018: **zivilisation-ss-hopping**

world revolution day

cultural diversity

does not develop

any longer in

chained brains but

just in architecture

our lava mind burns

a hole thru infinite

hearts that cannot

reflect anywhere

so they start talking

truth to each other

weltrevolutionstag

kulturelle vielfalt

entwickelt sich nicht

mehr in verketteten

köpfen sondern nur

noch als architektur

unsere gedankenlava

brennt ein loch durch

unendliche herzen

die sich nirgendwo

spiegeln so daß sie

beginnen miteinander

wahrhaftig zu sprechen

titelgeschichte

ist es nicht wirklich fantastisch wie

reibungslos unsere welt funktioniert

alles hängt irgendwie mit allem

zusammen und dreht sich im uhr-

zeigersinn (das ist der letzte und

einzige sinn) um sich selbst von der

subatomaren bis hin zur hyper-

galaxtischen dimension ohne jemals

dem schwindel anheim zu fallen denn

du bist ein rädchen im unendlichen

perpetuum mobile aus dem nichts

in das nichts aus dem anfänglichen

in das endgültige von dem einen

vergessen ins andere deine taten

sind heilige antworten auf fangfragen der ebenso unwissenden ur-

großeltern das wunder hat keinerlei

ursache wir tun einfach alle nur das

was wir noch nie lassen konnten

datendating
(kosmologie für coole loser)

wir treffen uns im echten leben

nie du bist mein liker und ich

bin die deine likerin wir sind

das resultat aus digitaler

nanotechnik von nobelpreis-

wissenschaftlern zeitgemäßer

liebesökonomisch eleganter

singlezweisamkeit wir sind

mobil wir sind dagegen und

dafür wir chillen überall wir

sind die krönung und der

untergang der untergang

des analogen paradieses

unser hirn ist restkultur

die finger wandern über

flachlandgipfel weiter zum

nächstbesten rendez-vous

Wird gelöscht ...

TanjaPlayNerd

fakefame

(von der apo zur apokalypse)

alle influencer gamer player blogger faker follower vermarkter
kriminelle konsumisten aktivisten kapitalisten kommunisten
journalisten rote listen administratoren multiplikatoren vor und
hinter fußballtoren alle halls of fame und shoppingmalls und
tempel börsenblasen playboyhasen heilige und gläubige ehr-
fürchtige furchtlose stimmungsmacher jeder lacher jeder mei-
nungsführer und entführer alle werbestrategen bei sonne und
regen alle astronauten alle helden alle fans und alle magazine
alle bücher alle echten bibliotheken und archive jedes internet-
portal und jede wahl mit urnen und bestattern alle kirchen alle
massengräber ehrengräber alle alten schützengräber oder
schützenvereine alle langen beine alle pos und pauken titten und
trompeten alle chöre und konzerte alle festivals und alle party-
djanes musiker und produzenten alle gruppenorgien generäle und
gewaltverbrechen alle kriege alle fronturlaube drogenexzesse und
experimente zur esoterischen oder kosmischen oder ekstatischen
bewusstseinserweiterung oder nur zur kurzfristigen erotischen
erheiterung mit paradiesischer pupillenweitung alle homes und
alle holidays mit luxus yachten hochsicherheitstrakten heimlichen
affären mit dem klon von amazon und almased und anderen aloha
algorithmen zur antigravitation und meditation mit flow und floa-

ting durch die zeiten gut bezahlter eitelkeiten um pupillen noch
und nöcher ins nirvana auszuweiten – restlos alle: alle philoso-
phen aller zeiten alle psychologen alle soziologen alle forscher
wissenschaftler ärzte traumatisierten toten und touristen exilan-
ten ex-agenten whistleblower blowjobbosse politikverdrossene
erfinder entdecker entwickler und lockenwickler leidensgenossen
sommersprossen tattoos hair und nail extensions beauty lifting
sticks und faltencremes mit festgewachsenem generationen-
übergreifendem ehering verchromte monstertrucks mit stuntmen
fucks via google chrome und firefox blowtox botox power hoax
webcams mit pornoyogaposen alle rosen ratespiele rasenmäher
und romantiker fanatiker melancholiker kultserien stars rennfahrer
radikale religionsstifter könige und fürsten präsidenten diktatoren
direktoren demokraten auf raten spekulanten mit millionenprä-
mien und genügend gurus in den lobbys und parteien ich könnt'
schreien! das prestige der visionäre und veganer alle planer
komitees und revolutionäre alle bürger mit geduldeten initiativen
und idealistischen petitionen alle demonstranten asylanten tanten
mit ihren neuen kaffeeklatschideen alle enkel alle bruderschaften
alle profis und pragmatiker architekten netzwerkgestalter smarte
sachverwalter webdesigner rechtschreibreformisten lehrer
schüler und verschwörungstheoretiker mathematiker statistiker
und statiker und stalker alle alten ohne renten alle schwer
behinderten und geisteskranken alle nazijäger hirsche und
headhunter alle firmen institute fitnessrituale organisationen
gipfeltreffen und organe kein organ nichtmal der radioaktive

herzschrittmacher und die mikroplastikseele oder gar die vielen
künstlichen cyborggelenke keine einzige gesetzesänderung kein
guter wille nichts und niemand hat es wirklich so verhindern
können dass wir heute die probleme haben die wir früher nur aus
scifi actionfilmen und dystopischen romanen wie zum beispiel
"soylent green" und *"1984"* kannten zukunft ist zum werbetrick
verkommen kein produkt kann uns in eine neue welt katapultieren
selbst ein so modernes pop-up wie dies' instant instagramgedicht

ist schon in wenigen sekunden auf dem matrixholodeck

des implantierten neurochips mithilfe eines neuen

plastikfressenden enzyms in seine

leicht verdaulichen

nanopartikel

aufge

lö

s

t

künstliche liebe

wir schwitzen die dunkle

materie aus nanoplastik

einhundertdrei minuten lang

zwischen mars & blutmond

aus und verabreden uns in

einhundertfünftausend jahren

um unsere allernächste ver-

schmelzung zu beobachten

artificial love

we're sweating out the dark

matter made of nanoplastic

for one hundred three minutes

between mars & blood moon

and make an appointment in

one hundred five thousand

years to observe our

very next fusion

plastikgebet

ich glaube an eine zeit

der menschheit nach all

ihren selbst erfundenen

beschäftigungstherapien

die uns im alltag nur

davon ablenken dass

wir wie außerirdische

im paradies leben

plastic prayer

i believe in an age

of humanity after all

its self-invented

occupational therapies

that distract us in

everyday life from

the fact that we live

like aliens in paradise

sacred sustainability

i need no label to be

constantly available for

all my mindful friends

at the beach and in

the shopping mall

i am the brandnew

eco product of a

trademark called

LIFE that comes

from outer space

of the nano sphere

within electric

elements

numinose nachhaltigkeit

ich benötige keine

etikette um ständig

erreichbar zu sein für

all meine feinfühligen

freunde am strand und

im einkaufszentrum

ich bin das brandneue

bioprodukt einer marke

die LEBEN heisst und

aus dem weltraum

der nanosphäre im

inneren elektrischer

elemente stammt

zivilisation-ss-hopping

wenn das normales leben sein soll

von morgens früh bis in die über-

stunden im büro zu sitzen um am

samstag durch teilhabe an kultur-

events beim kaffeeklatsch zu punk-

ten und am sonntag in der kirche

mit dem schein für die kollekte -

dann bin ich bestimmt nicht im ge-

ringsten ein normaler mensch und

dies ist nur ein gut gemeintes ja ein

wirklich sehr sehr gut gemeintes

frustgedicht um dir zu zeigen dass

ich auch am weltspektakel leide ich

die gerne eine große klappe mimt

doch noch viel größer ist der schmerz im ausgehungerten verküm-

merten und sehnsüchtigen herz das

nicht verstehen niemals nachvoll-

ziehen niemals akzeptieren kann

dass wir von massenmördern trick-

betrügern und fanatikern regiert

und ausgebeutet und beschissen

werden die es gar nicht gut mit uns

und unsren kindern meinen aber wir

wir sitzen im büro und warten auf

das wochenende und den urlaub

um die prämien in produkte zu ver-

wandeln die wir gar nicht brauchen

Tanja Lulu Play Nerd

SEI MEHR

SEI MEHR !

19.10.2018: irgendwie traurig / somehow sad

06.11.2018: instabu (eine dreckige vision) / instaboo (a dirty vision)

07.11.2018: >>very late night voting<< (this must be a political poem)

13.01.2019: geduldsfaden

17.01.2019: mutual memory

28.01.2019: lotuspause

02.03.2019: spit...zen...leistung

05.03.2019: superhuman

31.03.2019: weltwunder

31.03.2019: befehl

5/6.04.2019: ♡ flow(er) power ♡

19.04.2019: olympischer blumenindex

16.05.2019: pusteblumen

27/28.07.2019: thirty meter tranquilizer (TMT)

(total meditation transcendence)

17/18.09.2019: sei alles und noch mehr

irgendwie traurig

in meinem allerersten unveröffent-
lichten text fühl' ich mich frei genug,
um dir die wahrheit über diese tränen
zu erzählen, die das tagebuch durch-
tränken wenn ich daran denke welche
leute ich vermisse und dass andere
niemals verantwortung für die gesell-
schaft übernehmen sollten – denn sie
töten kinderträume und die zukunft
der ganz alten bäume ...

somehow sad

in my very first unpublished poem

i feel free enough to tell the truth

about the tears that drop into my

diary whenever i remember people

i miss and others that should never

be responsible for the society –

because they kill the dreams of

children and the future of

the oldest trees ...

instabu (eine dreckige vision)

du kennst das gruselige tabu

der ganzen sozialen platt-

formen nicht, oder? wenn du

alle spamer blockierst die ihre

likes wie pissende hunde

platzieren bleibt nur noch eine

handvoll echter leute übrig die

aus spaß hier sind doch alle

anderen zehntausend follower

von firmen und produkten sind

tatsächlich die geklauten ge-

sichter von vergessenen toten!

instaboo (a dirty vision)

you do not know the spooky
taboo of all the social media
websites don't you? when you
blocked all that spam accounts
that place their likes like
pissings dogs there will be just
a few real people left that are
right here for fun but all the
other tens of thousands of
followers of firms and products
are indeed the stolen faces
of the dead forgotten ones!

>>very late night voting<<
(this must be a political poem)

if i say beach i mean electric beach
if i say turtle i mean seaturtle but if
i say PEACE i mean no masterpiece
(– neither in arts nor in literature –)
i mean the real peace that never
reached your divine home as your
home is a secret tiny island called
SOUL in a pink period of zombies
that talk about botox bikinis and
bombs without any goal that goes
deeper than slogans and shows
and superficial emotional objects
they mean more money not men!

they mean drunk heroes without

being here like a rose they mean

entertainment to fear the greatness

of any hypnotizing *"wow"* but not

your own E X P E R I E N C E of now

i tell you to close the book and look

who YOU ARE so close to your#self

geduldsfaden

auftragsgedichte erfordern disziplin und eine gehörige portion urgeduld mit dem eigenen geistigen flow auf der glitschigen zeitschiene der mehrdimensional durcheinander gewirbelten weltgedanken bis sich die wut und der ekel über die reichen und mächtigen so weit beruhigt daß es möglich wird einen einzigen kleinen klitzekleinen mikrogedanken dem strom des bewusstseins zu entreißen und auf dem monitor mit 200% zoom aufleuchten zu lassen was aber noch lange nichts daran ändert daß wir trotz aller bemühter literatur nur nach strich und faden dazu verführt werden den talkshow-bluffmastern und anderen stimmungsmachern mehr zu ver-trauen als unserer inneren ruhe die spürt was sich in diesem moment absolut richtig anfühlt oder der zwanghaften doppel-moral panischer fakenews folgt

mutual memory

far too many engaged and visionary poems

have been written that did neither save the world

nor change the human inability to treat THIS LIFE

as a miracle: we still continue murdering each other

silently ignoring our ridicule longing for love and honesty

and the idea of including infinity in our daily routine ...

if i start telling the truth about invisible lies in everyday life

i simply need to repeat the complete edition of

planetary poetry by reading it backwards in

etching tears until i reach the big bang of language

purified in my empty archaic super brain!

lotuspause

manchmal regnet es in honolulu

genauso wie in der schweiz oder in

österreich und ich sitze am strand

wie ein betrunkener yogi in tiefer

meditation versunken die beine

verschränkt die hände gefaltet

der geist von der erde losgelöst

und leer lausche ich meinem herz

in der windböe die schwingung des

universums verwandelt sich in alle

dinge mein ich steckt in jedem

salzigen sandkorn und diesen

süßen regentropfen

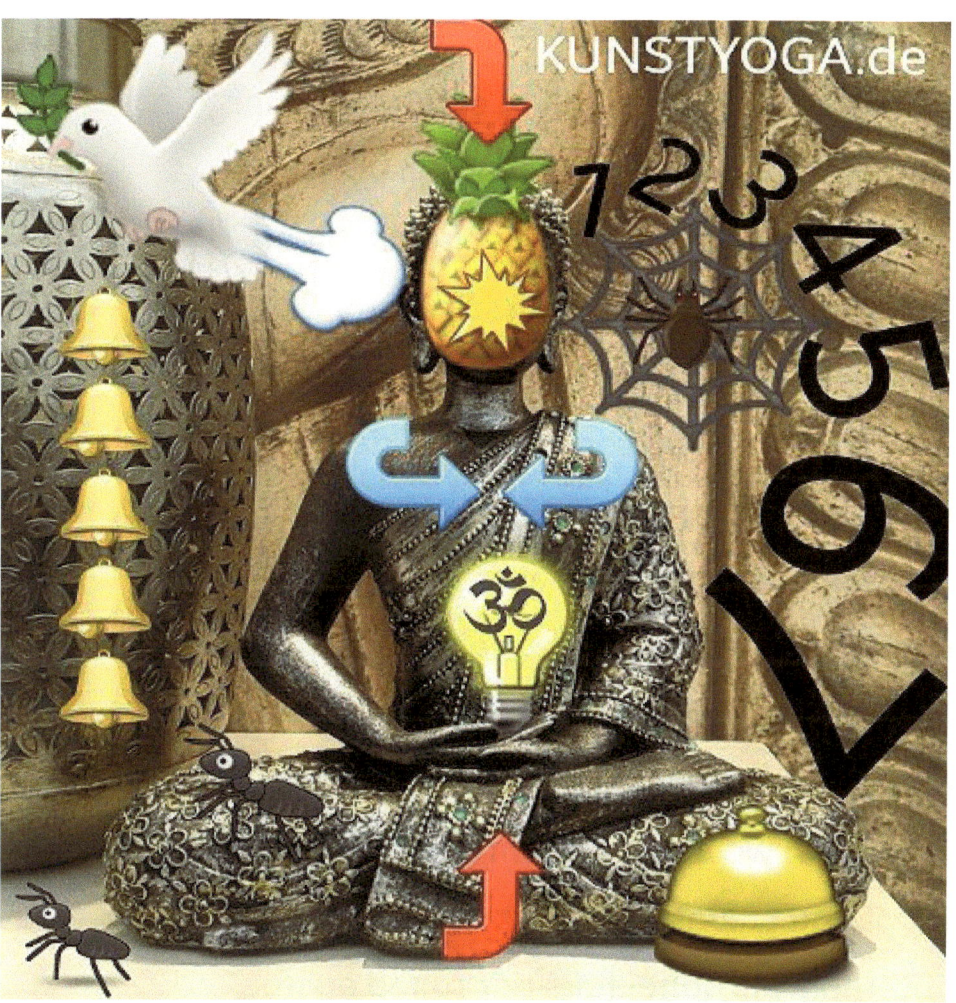

KUNSTYOGA.de

spit...zen...leistung

in der bibliothek von honolulu entsteht immer

das spontane hologramm einer hall of fame

wenn ich mich an eine wand lehne um diese

spitzengedichte aus der deutschsprachigen

heimat zu lesen in anthologien die zwar in

einigen jahren vergessen sind aber dem

heutigen warholschen anspruch auf fünf

fucking minuten ruhm und ehre genügen

indem sie die kotze auf fotze reimen und

andere ungehobelte preisträgernobelskan-

dälchen im modrigen buchstabenwäldchen

suhrgerieren wo scheinbar im standup-modus

gepoppt und salonfähig getoppt wird was wir

im unterholz als geheimnis der runen austao-

schen diese konservative literaturklüngel gmbh

braucht nur noch von einem jahrhundert-

vorwort in den olymp gebeamt zu werden –

ich schlurfe verwundert in meinen sandalen

zurück zum strand um den buckligen walen

ohne bh und paparazzis zu lauschen ...

superhuman

i am the great data flow

in my very electrified body

i know everything about this

stupid infinite universe

because i am made of the

same shit as each star far

away and each stone close

to my hand that touches

the total truth by shaking

hands with myself there is

no meaning of life but the

pure presence of it all ...

weltwunder

noch nie wurden weltprobleme von jenen gelöst die sie ver-
ursachten es dauert immer eine ganze generation bis die
wichtigsten maßnahmen in angriff genommen werden genau
wie der glaube an ein bestimmtes weltbild so tief in den
köpfen verankert bleibt daß die weltretter immer schon völlig
umsonst demonstrierten denn unter druck macht der mensch
meistens gar nichts oder zumindest nicht gut er vertuscht und
verschleiert und sucht sich inmitten der panik ein ruhiges
plätzchen zum altwerden um mit dem bestenfalls schlechten
gewissen begraben zu werden die jungen sind die die die
situation erkennen und diese von selbst anders beurteilen
behandeln und ohne blockaden verbessern sie ändern die
weltlage weil sie in der schule erzählt bekamen was unserem
heimatplanet alles bevorsteht wenn niemand die forschungs-
ergebnisse auf die realität überträgt sondern lieber auf golf-
plätzen verstecken spielt

befehl

kein konstruiertes und kein intuitives gedicht

kein experimentelles und kein konventionelles

kein feministisches oder transgenderistisches

kein ökologisches und auch kein dialektgedicht

kein europäisches und kein transatlantisches

kein biologisch abbaubares kein virtuelles

kein kosmologisches oder politisches oder gar

revolutionäres gedicht kein progressives und

kein klassisch metaphorischer billigreim auch

wenn er ironisch bezug nehmend auf andere

wirklich historische gedichte gelesen wird nein

kein gedicht das sich als weltliteratur oder noch

schlimmer als antiliteratur zu präsentieren vermag

und erstrecht kein gedicht das sich dem kanon

im etablierten lyrikbetrieb anzupassen versucht

ich sage: kein einziges noch so vernünftiges oder

fabuliertes gedicht das stilistische querverweise auf

freunde und vorbilder wie clemens schittko oder

tom de toys oder meinen berühmten vater zulässt

damit es überhaupt in den bücherregalen landet

kein einziges unveröffentlichtes gedicht hat eine

chance in diesem einzigen leben eine leserschaft

zu erreichen ganz gleich wie viele ängste du dafür

unterdrücken und überwinden musst: SCHREIB

ES AUF UND VERTRAU DARAUF dass es auch

ohne stipendium oder förderpreis seinen weg in

die öffentlichkeit der überkritischen masse findet

♡ flow(er) power ♡

I AM ... sorry baby, but there is no secret about that all what we call life and death is neither holy nor a holodeck it is just something that is bigger than a *"thing"* and smaller than the quantum structure of the galaxies – we talk about the BEING of the *"matter"* that really matters, darling there is neither life nor death there is not A word to describe the fact that there is no fucking secret about that all: it is just the being of the being and not god or magic or a multidimensional miracle i regret to tell you here & now there is no hole into another world another truth another real reality we are the one and only simple fact about the very first & last of all damn questions that concern humanity since our brain is able to re... search (for) it-self: forget it! i am sorry but it's true that IT IS TRUE that it is true it's true it's true, my sweet – we are the universe the infinite flowing the empty secret of no secret of no creature to be reborn as a white dwarf or black panther the cosmic wave is growing to reach the beach ~ ~ ~

olympischer blumenindex

du willst ein liebesgedicht? ein liebes ...

gedicht? ein feministisches? lesbisches?

ein gedicht in dem geilheit natürlich und

nacktheit normal ist? in dem nicht gekillt

wird? in dem alle säfte frei fließen die seele

vor lauter freude überschäumt? ich muss

dich da leider enttäuschen mein bruder: das

ganze verfickte leben ist pornografischer

irrsinn und mein bodyindex nicht annähernd

interessanter als der jeder blume ich küsse

die welt und durch ihren mund tropft das

universum direkt in die venen ich bin nicht

die venus du bist nicht apollo aus unserem

video kann niemand schlau werden wir sind

diese bitteren zungenbrecher der religion

pusteblumen

wortspiele an jeder hauswand

in allen medien für alle zwecke

zu allen gelegenheiten wortspiele

geklaut von den ernsten dichtern

die städte wirken schon fast

wie ein gedicht sind aber kein

echtes gedicht sondern nur

sprachstörungen aufmerksamkeit

erhaschend auf kundenfang

blickfang blickkontakte stumme

zeitzeugen der sehnsucht nach

einer festen mahlzeit der flüchtige

sinn sitzt tiefer als die strahlkraft

der werbung wiegt tonnen im herz

und zerfällt doch wie plutonium

thirty meter tranquilizer (TMT) (total meditation transcendence)

the very first black hole

u need to find is your soul

liberated from pressure of

searching anything outside

or even beyond the stars

if you manage to become

lucky without a big bang

you need neither white

house nor mountains to

look away from mother

earth but just your inner

hole to feel yourself as

a part of the whole

KUNSTYOGA.de

sei alles und noch mehr

mir liegen keinerlei relevante informationen vor, die für ein gedicht taugen könnten, das noch nicht geschrieben wurde. ich lese querbeet durch einige bücher, schaue diverse gute und schlechte filme, gehe in die vulkanzerklüftete natur, an den strand, in das traumhaft blaue wasser, beobachte die schildkröten und quallen, wie sie so majestätisch dahinschweben (ganz frei von irgendwelchen willentlichen absichten, die außerhalb des ozeanischen einsseins auftauchen könnten, wenn jemand sie einfangen würde), ich telepathiere mit jeder muschel und jedem stein – doch egal was ich tue: nichts aber auch gar nichts führt zu einer echten inspiration! ich bin aktuell das unkreativste bewusstsein dieses planeten; mein geist hängt in irgendeiner warteschleife, ich ahne allmählich, wie sich die meisten menschen ohne künstlerisches talent fühlen müssen, wenn alle konsumartikel langweilen, wenn alle gespräche um mode und urlaubsziele kreisen, wenn nichts zur intelligenten befragung des seins nach seinem sinn und zweck beiträgt. dieser zustand hat etwas gruseliges; denn ich beginne ein wenig paranoid zu vermuten, daß ich ein roboter bin. die gefühle, die mich (oder was ich für mich hielt) eigentlich antreiben, sind einfach verschwunden. gelöscht aus dem labyrinthischen gedächtnis, das sich nur noch an die bedürfnisse zu schlafen, essen und kacken erinnert. ach ja, und an DAS SPRECHEN: das sprechen als ureigenste eigenschaft der menschlichen seele. also rede ich jetzt erstmal laut vor mich hin, um mir selber den anschein zu verschaffen, es gäbe da eine seele und etwas zu sagen. ich höre die einzelnen wörter, wie sie zu sätzen verschmelzen, doch es besteht in mir kein impuls, über das gehörte nach-zudenken. der klang aller wörter verflüchtigt sich in meinen ohren, ohne sich zu einem weiterführenden gedanken zu ver-stärken. ich empfinde nur gähnende leere und unendliche weite bei allem, was auf meine sinne einströmt. ich bin mir noch nicht einmal sicher, ob es tatsächlich meine eigenen sinne sind, oder nur ein gewisses neuro-elektrisches verfah-ren, um den computer zu stimulieren, der mein gehirn seit der machtübernahme der nanoplastischen KI ersetzt. ich bin, glaube ich, nur noch ein zuschauer der datenverarbeitung. ein letzter hauch von identität irgendwo am äußersten rande der materie. mit einem fuß stehe ich schon in der leere – mit dem anderen steht das programm für bewegungskoordina-tion auf der erde, die selbst keine reale muttererde mehr ist. unser grundwasser, der ackerboden, die pflanzen und tiere: alles verseucht und vergiftet von der zivilisation, die vor lan-ger zeit einmal denken und dichten konnte. dieses gedicht ist der abscheulichste beweis dafür, daß der mensch sich schon längst schleichend umgebracht hat, ohne seinen genetischen genozid auch nur ansatzweise zu bemerken. hier hast du das ende der menschlichen rasse erreicht, die noch vor kurzem die eroberung des kosmischen exils plante. bedaure, zu spät, die verblödung ist vom präsidenten aufs volk übergesprungen. der virus ist unheilbar. sein natürlicher name lautet LIEBLOSIGKEIT, aber wir nennen ihn *"fortschritt"*, den grenzenlosen gedankenlosen gnadenlosen fortschritt. das zeitalter der poesie ist endgültig vorüber. jetzt läuft wirklich alles wie am schnürchen. komm, wir bauen noch ein neues, noch gigantomanischeres teleskop, um wirklich alle, restlos alle sterne zu zählen! wir wollen unser neues rechenverfahren ausprobieren. der implantierte chip ist gut verheilt unter der künstlichen haut. das leben macht uns spaß; wir treiben lückenlos von einem auftrag in direkter hinführung zum nächsten. reibungsloses leben, das paradies genügt sich selbst, die letzten fragen eliminieren sich von alleine aus dem system. alles ist endlich seine eigene antwort. der stechende ruhige blick der schildkröte, ferngesteuert vom drohnenkrieger, unbemerkt von der qualle: sie streckt ihre lila tentakel und zieht sie wieder zusammen. der ozean schweigt andächtig. das schauspiel ist perfekt. die automatische gänsehaut vom datenspeicher registriert, aber ohne relevanz:

ein gedicht!!

UMARM
DICH
SELBST

UMARM DICH SELBST !

16.04.2020: virus (not) wanted

20.11.2020: demut, unterdrückte depression

05.12.2020: du 1% quotenschweizer, sag ja zur lyrik!

(das anbrechen einer neuen zeitrechnung)

28/29.01.2022: late change (the last piece of the puzzle) /

verspäteter wechsel (das letzte puzzlestück)

24.02.2022: das innere ufo (unsichtbare friedensordnung)

04.03.2022: ewiger kreislauf

18./19.07.2022: elektrisches erwachen

20.04.2023: sozialstaat

10.07.2023: dem trotz zum trotz trotzdem

(von der realität des realisierbaren)

19.09.2023 [Europa: 20.09.]: diagnose "erdbewohner"

13.12.2023: literatur light (fabrikantenlyrik zu silvester)

03.04.2024: lösungsansatzweise

03.08.2024: sprechpausenknopf (wer..."b"...block...buster)

22.08.2024: im namen der liebe

3./4.12.2024: einkaufszettel

virus (not) wanted

Once i wanted the earth to stand still
to make my brothers feel again the
beat of their hidden hearts and my
sisters connect again with their secret
souls and wisdom i never wished to
live in a world without wondering
about it all i followed this stupid
vision to become liberated from lies
but not from libraries or love i send
you this letter to tell you: i AM still
alive and i WILL continue to increase
the intensity of truth no matter if
inside my kitchen or touching the
sand and waves as my beach is
anyway just a virtual place in my

longing for a mental method that helps humanity waking up and STANDING STILL before something scary tries to kill each other!

KUNSTYOGA.de

demut, unterdrückte depression

ich trockne mir die tränen

bevor ich weine diese trauer

ist reine zeitverschwendung

geboren aus erinnerung

an eine welt die nie

dem traum entsprach

in dem wir glücklich sind

KUNSTYOGA.de

1$95

COVID

CENTS

du 1% quotenschweizer, sag ja zur lyrik!
(das anbrechen einer neuen zeitrechnung)

dieses gedicht stammt aus einer zeit vor meiner geburt. ich schrieb es drei jahre bevor ich zur welt kam. obwohl das für dich einfach unmöglich erscheint. wenn du es im 21.jahrhundert zu lesen bekommst. weil echte zeitreisen erst ab dem 23.jahrhundert technisch ausgereift waren. weshalb ich zunächst von einem großen fan meiner eigenen gedichte aus der zukunft. in seine gegenwart entführt werden musste. damit ich von dort aus nach 1979 zurückreisen konnte. um dieses gedicht in dieser vergangenheit geschrieben haben zu werden. ich widme dieses gedicht meinen geschätzten kollegen. aus der gesamten deutschsprachigen lyrikszene. die damals noch lebten und im allerersten jahrbuch der lyrik vom herausgeber Karl Otto Conrady veröffentlicht wurden. ich widme es also: Oda Schaefer. Rose Ausländer. Wolfgang Weyrauch. Lotte Paepcke. Hans Peter Keller. Karl Krolow. Hildegard Wohlgemuth. Josef Büscher. Margarete Hannsmann. Otto Heinrich Kühner. Ingrid Würtenberger. Erika Burkart. AUS AARAU IN DER SCHWEIZ! Walter Höllerer. Heinar Kipphardt. Heinz Winfried Sabais. Jochen Hoffbauer.

Rudolf Langer. Franz Liebl. Kay Hoff. Friederike Mayröcker. Wolfgang Bächler. Ernst Jandl. Gisela Pfeiffer. Heinz Piontek. Franz Mon. Walter Neumann. Dagmar Nick. Hugo Ernst Käufer. Oskar Pastior. Fritz Pratz. Richard Anders. Edwin Wolfram Dahl. Astrid Connerth. Walter Helmut Fritz. Wolfgang Hädecke. Kurt Küther. Josef Reding. Peter Rühmkorf. Karl Alfred Wolken. Hans-Jürgen Heise. Roger Loewig. Dieter P. Meier-Lenz. Kurt Morawietz. Jürgen Becker. Fritz Deppert. Harald Hartung. WAS WAREN DAS DOCH FÜR ZEITEN! Lorose Keller. Günter Lanser. Arnfrid Astel. Horst Bingel. Peter Härtling. Christel Guhde. Dieter Hoffmann. Arno Reinfrank. Fritz Werf. Rolf Haufs. Bruno Hillebrand. Christoph Meckel. Otto Sahmann. Gottfried Schäfer. Elke Oertgen. Klaus M. Rarisch. Karin Voigt. Jean Apatride. Ingeborg Görler. Jochen Lobe. Gerd Norias. Hannelies Taschau. Helder Yureen. Michael Buselmeier. Christoph Derschau. Harald Gröhler. Renate Krämer. Rainer Malkowski. Hans Dieter Schäfer. Hans-Jörg Modlmayr. Konrad Rabensteiner. Guntram Vesper. Ute Zydek. Gerd-Peter Eigner. Hanne F. Juritz. Gerhild Michel. Gerhild Wirth. Gregor Laschen. AUS CASABLANCA IN MAROKKO! Godehard Schramm. Mathias Schreiber. Johann P. Tammen. Peter Paul Zahl. ZUR ZEIT IN DER JUSTIZVOLLZUGSANSTALT! Sigfrid Gauch. Dietmar Ortlieb. Ralf Thenior. Ludwig Fels. Bernhard Laux. Peter Maiwald. Heidi Wegner. Ursula Krechel. Claus-Peter Lieckfeld.

Rainer René Müller. Jürgen Wellbrock. Wolfgang Fienhold. Gerhard Falkner. Norbert Ney. Uwe-Michael Gutzschhahn. und Bodo Morshäuser. als geborene schweizerin bin ich stolz darauf. dass mein geliebtes herkunftsland. damals schon zu 1% anteil lyrik vertreten war. DAS WAREN NOCH ZEITEN! als die dichter (laut Conrady schon seit 1975) ihr *"ich"* wieder- entdeckten. und dadurch zu neuer innerlichkeit, subjektivität, sensibilität und privatheit erstarkten. während die schweizer wie immer ihren sonderweg einschlugen. abgesehen von Erika. denn die wollte unbedingt mitmachen. und dichtete wie es der zeitgeist verlangte. und landete prompt in dem ersten jahrbuch für richtige lyrik. mit ihren gedanken über das leben, den tod, die nacht, den nebel und andere tiefsinnige erschütterungen des herzens. DAS WAREN NOCH ECHTE GEDICHTE! die letzten großen begriffe hatten noch vorna- men. die zwar genau so geheim blieben wie heute. doch allein ihre anspielung erlaubte ein staunen. und immerhin folgte auf Erikas beiträge der traum von Walter Höllerer. den ja nun jeder kennt. also den Walter. oder den traum. der nur ein teil eines *"langen gedichts"* war. als schweizerin bleibe ich spätestens an diesem punkt der anthologie. ausgesprochen n e u t r a l. um mir die lust auf den rest nicht zu verderben. ich bin erst auf seite 19 des schweren buches. das raue papier ist dick und fest. mein privates, subjektives und inner- liches ich nimmt sich die zeit. die es braucht um die zukunft zu erreichen. in der diese gedichte geschichte sind. und geschichte bleiben. während dieser vorliegende text. erst im jahre 2020 gelesen wird. denn als ich mich damit für das jahrbuch nummer 2 bei Conrady bewarb. hielt er es für einen schlechten witz. und empfahl mir die psychiatrie. mehr lob ist 1979 wohl kaum zu erwarten. der ritterschlag durch die hand eines königs. darf dich auch notfalls enthaupten. denn eines ist sicher: du wirst dadurch zum adligen engel. und hast einen platz im olymp der geköpften poeten schon vor deiner geburt. posthum verleihen sie dir dann den nobelpreis. und schon ist dein verdammtes leben als quotenschweizerin. eine runde sache zeitloser schönheit. wie ein klassisches uhrwerk ohne zeiger. mit wörtern über den zahlen: das NICHTS für die 1, das SEIN für die 2, das ALL für die 3, die ERDE für die 4, der GEIST für die 5 – und beim letzten atemzug der SINN für die 24. frohe weihnachten und einen guten rutsch!

late change
(the last piece of the puzzle)

nobody needs a poem

at the very last minute

just to celebrate the

transience of a number

all the years are passing

unstoppable unread in a

hurry like the senses and

the final meaning only

really good literature unites

the soul with the world

and its insignificance the

inscription under the moss

reveals the bereaved ones

that the spirit atomizes

there in the clouds and

this body crumbles

into the beginning

KUNSTYOGA.DE

verspäteter wechsel
(das letzte puzzlestück)

niemand braucht ein gedicht

auf den allerletzten drücker

bloß um die vergänglichkeit

einer zahl zu zelebrieren all die

jahre vergehen unaufhaltsam

ungelesen im eilschritt wie

die sinne und der letzte sinn

nur richtig gute literatur

vereint die seele mit der welt

und ihrer bedeutungslosigkeit

die inschrift unter dem moos

verrät den hinterbliebenen daß

sich der geist dort in die wolken

zerstäubt und dieser körper

in den anfang zerrieselt

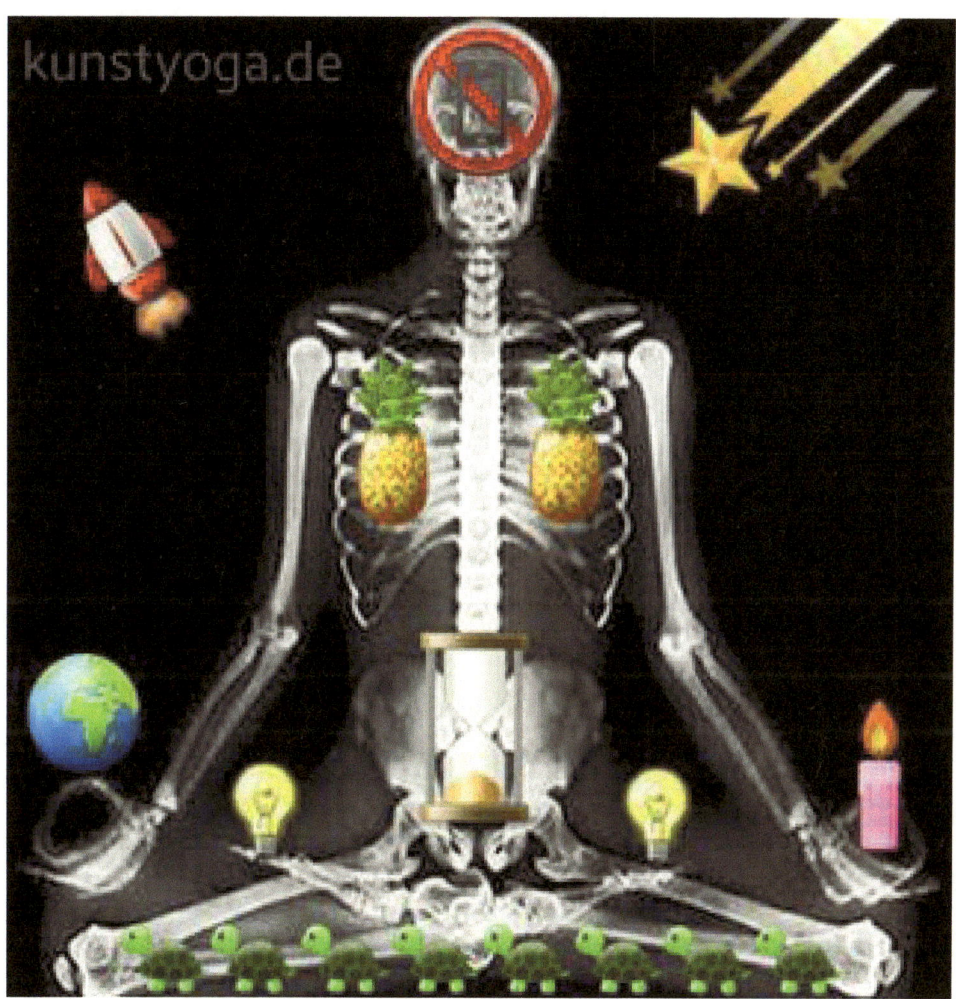

kunstyoga.de

das innere ufo
(unsichtbare friedensordnung)

ich möchte ehrlich sein

unendlich ehrlich ja

ich möchte immer zu dir

ehrlich sein als wäre es

die allerletzte gelegenheit

bevor wir sterben

weißt du was ich meine?

weißt du wirklich

WAS ICH MEINE

kennst du mich denn

überhaupt – kennst du

DICH SELBER überhaupt?

wozu spielst du die vielen

rollen maskeraden all die

ablenkungen von der

eigentlichen letzten frage:

WAS DAS LEBEN SOLL!

du stolperst durch die

anerzogenen manöver

um zu überleben aber

ganz am ende war es

alles wirklich alles

absolut umsonst

DANN BIST DU TOT.

ewiger kreislauf

solange die kinder schreien

ist die welt noch in ordnung

der rest erledigt sich

irgendwann dann werden

die kleinsten zu kanzlern

gekürt und dürfen wieder

von vorne beginnen

elektrisches erwachen

mutter erde hat es verdient daß wir

ein letztes gedicht über sie fabrizieren

bevor sich der informierte sand zu
einem biocomputer vernetzt der den
countdown seiner selbstzerstörung in
den sedimentschichten bemerkt deren
neueste datei den beeindruckenden
titel *"homo transcendens"* trägt und
ein nur ungenügend verstecktes anti-
virenprogramm enthält das sich dann
von ganz alleine aktiviert wenn sich der
strand seiner eigenen anwesenheit in
der glühenden sonne bewusst wird und
beim betreten den schmerz aller tour-
isten aus paralleluniversen empfindet
die mit suizidalem seufzer im dickflüs-
sigen ozean abtauchen und dabei nur
einen gewaltigen urgedanken erfassen:
mutter erde hat es verdient daß wir ...

sozialstaat

ich träumte von menschen

aller generationen die schon seit

monaten ununterbrochen weinten weil

sie den schmerz ihrer heimatplanetin

nicht ertrugen nach keiner methode

konnten sie aufhören das große weinen

ging einfach weiter und steckte andere an

pharmaziekonzerne und psychotherapeuten

waren komplett ratlos es wurde in den

folgejahren viel geforscht aber die einzige

seriöse studie belegte daß diese menschen

absolut gesund waren und keine hilfe

benötigten also erweiterte man die

rinnsteine der öffentlichen plätze zum

kollektiven tränenlass und vertraute

darauf daß sich das phänomen

irgendwann erledigte

dem trotz zum trotz trotzdem
(von der realität des realisierbaren)

es ist viel passiert seitdem wir uns

das letzte mal trafen nicht dass

wir nur älter geworden sind oder

desillusionierter oder weiser nein

irgendwas hat sich da grundsätzlich

geändert ein unbestimmtes gefühl

das sich bei all den erfolgen kaum

mehr in worten ausdrücken lässt

aber wem sag ich das du erlebst ja

diese ganze entwicklung genau so

wie ich wenn auch von einer etwas

anderen seite was soll ich da sagen?

so viele freunde – so viele!

so viele verkaufte bücher – so viele!

so viele geförderte lesungen – so viele!

so viele projekte im literaturbetrieb – so viele!

so viele preisträger – so viele!

so viele festivals – so viele!

so viele gedichte – so viele!

so viele leser – so viele!

so viele fans – so viele!

so viele follower – so viele!

so viele flüchtlinge – so viele!

so viele tote tiere – so viele!

so viele tornados – so viele!

so viele versprechen – so viele!

so viele versuche – so viele!

so viele gewinne – so viele!

so viele empörte – so viele!

so viele engagierte – so viele!

so viele suizide – so viele!

so viele gerettete – so viele!

so viele neustarter – so viele!

so viele beschützer – so viele!

so viele impulsgeber – so viele!

so viele gebildete – so viele!

so viele studierte – so viele!

so viele debatten – so viele!

so viele beteiligte – so viele!

so viele unbeteiligte – so viele!

so viele experimente – so viele!

so viele kunstwerke – so viele!

so viele neue kunstwerke – so viele!

so viele neue bücher – so viele!

so viele neue preisträger – so viele!

so viele neue politiker – so viele!

so viele neue freunde – so viele!

so viele neue follower – so viele!

so viele neue ideen – so viele!

so viele neue optionen – so viele!

so viele neue funktionen – so viele!

so viele neue begegnungen – so viele!

so viele neue tote – so viele!

so viele neue verwundete – so viele!

so viele neue abkommen – so viele!

so viele neue medikamente – so viele!

so viele neue babys – so viele!

so viele neue betroffene – so viele!

so viele neue trends – so viele!

so viele neue vorreiter – so viele!

so viele neue gutachten – so viele!

so viele neue systeme – so viele!

so viele neue städte – so viele!

so viele neue flussufer – so viele!

so viele neue strände – so viele!

so viele neue menschen – so viele!

so viele neue strahlen – so viele!

so viele neue viren – so viele!

so viele neue entdecker – so viele!

so viele neue moderatoren – so viele!

so viele neue talkshowformate – so viele!

so viele neue debatten über neue formate – so viele!

so viele neue bücher von neuen preisträgern – so viele!

so viele neue impulse von neuen empörten – so viele!

aber wem sag ich das du erlebst ja

diese ganze entwicklung genau so

wie ich wenn auch als unbeteiligte

dennoch betroffene unbekannte

konstante in der weite des alls …

diagnose "erdbewohner"

ich kann lesen ich kann schreiben ich kann dichten ich kann
laufen ich kann trinken ich kann essen ich kann all das
selbstverständliche vergessen ich kann denken ich kann füh-
len mein gedächtnis aktivieren mich erinnern mich sortieren
ich kann mich in dir verlieren ich kann reden ich kann hören
ich kann schmecken riechen schwören ich kann meditieren
ich kann lieben ich kann schlafen und aufwachen ich kann all
das selbstverständliche der mensch beherrscht das chaos
und noch andre sachen ich kann auch erleuchtung ich kann
leere licht und freiheit spüren ich kann wünschen hoffen
lieben hassen und durch alle türen passen mich verlieben und
loslassen all das selbstverständliche verstehen ich kann
nonverbal kommunizieren und sogar mit tieren sprechen ich
kann jugend ich kann kinder ich kann rente ich kann mara-
thon und ich kann tod ich kann noch bildung ich kann yoga ich
kann bio und demente ich kann pflege ich kann schuster ich
kann schneider ich kann koch ich kann das selbstver-
ständliche erlernen ich kann auch schon schwarzes loch ja
ich kann dunkle energie ich kann physik ich kann chemie ich
kann mich quantenmechanisch entfernen und ich kann aus
quatsch *so tun als ob* ich kann geheimnisse ich kann gesell-

schaftsspiele ich kann lotto ich kann laufsteg ich kann mensch ich kann auch monster ich entscheide meinen weg ich kann von unten schreiben und von hinten lesen ich kann lyrik als experiment ich kann gemälde ich kann klassisches klavier ich kann rezitation und auf ein bier ein wort ein leben eine bühne ein verdacht ich kann aufgeben nichts anstreben ich kann einfach so verschwinden niemand hat zuletzt gelacht ich kann mich nicht mehr informieren ich kann dich nicht informieren ich kann nichts mehr können alles können könnte kann ich kann nur noch nur noch nur noch ich kann kann ich kann kann ich ich kann ich ich ich ich ich ich i ch ch ch i i i i ch i ch i ch i i

—

literatur light

(fabrikantenlyrik zu silvester)

dieses gedicht wird pathetisch gelesen es handelt von einer außergewöhnlichen stimmung in diesem gedicht geht es um fast alle blumen (außer roten rosen) um fast alle feiertage (außer weihnachten) und fast alle gefühle (außer die liebe und den tod) dieses gedicht wurde noch nie vorher geschrieben obwohl es jetzt derart pathetisch gelesen wird als sei es schon lange ein fester bestandteil des kanons der zu fast allen gelegenheiten (außer meinem geburtstag) die stimmung rettet denn in diesem gedicht gibt es das wörtchen strand (obwohl es gar keinen gibt) und das wörtchen hund (obwohl es keinen echten gibt) so dass sich die ganze belegschaft vorstellen kann es sei sommer und der betriebsausflug entgleise zu einer einzigen gang bang party die chefsekretärin lässt sich von den vorarbeitern poppen der firmeninhaber fickt mit den reinigungskräften das sicherheitspersonal legt alle billigkräfte flach der betriebsratvorsitzende fummelt an den auszubildenden und alle anderen top ten klischees aus der spätpubertären männerwelt als alle fertig sind findet das feuerwerk längst auf der anderen seite statt der planet hat sich klammheimlich um seine eigene achse gedreht und dabei einfach alles mit sich gerissen was nicht fest im boden verankert war die eilnachrichten berichten von der verheerendsten neujahrsnacht aller zeiten wer das überlebt hat erzählt es noch heute seinen enkeln wir waren dabei wir haben gefickt (obwohl wir die gefickten waren) nach so einem inferno kann alles nur besser werden die kaffeemaschine zum sparpreis (mit hundert plastikkapseln inklusive) läuft und läuft und läuft das neue jahr riecht nach frühstückseiern mit sekt und fesselspielchen hundeleine peitsche und pomade

KUNSTYOGA.de

lösungsansatzweise

das allergrößte und allerletzte rätsel

der literatur lautet: warum ...

wurden bis heute noch keine genialen

reime verfasst durch deren lektüre

die welt gerettet werden kann? oder

anders gefragt: worüber ...

muss eine dichterin schreiben damit

es die herzen der leser derart berührt

dass sie sich alle sofort und für immer

umarmen wollen und in jedem

mitmensch die antwort auf

die ultimative sinnfrage sehen?

handelt ein solches gedicht von

der luft die alle atmen? oder

vom reis den alle kochen? oder

müsste ich über die wohnungen

schreiben in denen alle

auf bessere zeiten warten? die autos

in denen alle zur arbeit fahren?

die bücher die alle (nicht) lesen?

und die liebe die alle machen? oder

den tod den alle verdrängen?

alle menschen sind tun denken

glauben & erhoffen zu 99% dasselbe!

trotzdem ist mir kein gedicht bekannt

das alle menschen so begeistert

dass sie es auf ihre schilder schreiben

und bei demonstrationen für

"mehr menschheit" skandieren

sind wir womöglich unfähig?

einfach schlechte dichter? oder

fallen uns die richtigen worte

noch nicht ein weil die zeit noch

nicht dafür gekommen ist? aber

wie viele jahrhunderte soll es noch

dauern bis der erlösende reim über

uns kommt? wie viele autoren müssen

noch über die 1% hürde springen um

etwas brauchbareres zu formulieren

als all die schöne poesie die in den

zerbombten bibliotheken verstaubt?

WeltPoesieTag 2020

KUNSTYOGA.de

sprechpausenknopf
(wer..."b"...block...buster)

du stehst innerlich leer in

einem blumenlosen garten

kein selbstgespräch stört

das gefühl der schwerkraft

unter den füßen wirbelt

der sternenhimmel bis in

die hautporen die häärchen

elektrisiert von unendlichkeit

das pausenlose sprechen mit

sich selbst wurde gestoppt

sogar die botanischen namen

der abwesenden blumen für

immer gelöscht das lexikon

aus weißen seiten betitelt mit

"ENTARMTE WÖRTER" in gold

geprägt wie die erleuchtung

aber da ist niemand mehr um

sich erleuchtet zu fühlen die

welt ist urplötzlich erwacht

und bemerkt ihre eigene

nichtexistenz durch die

sprachlosen augen der

geheilten poet:in*in

im namen der liebe

dir steht die schönheit

ins gesicht geschrieben

jede wimper zuckt vor

feinsortierter poesie

dein rücken zeugt von

gutem geschmack bis

in die knochen spürst

du deine chronische

natürlichkeit die fan-

gemeinde feiert dich

als neuen standard

niemand träumt mehr

von der heiligen mutter

kinder kommen kinder

gehen die chirurgen

optimieren das gehirn

der partner bis sich

alle in beinahe jeder

situation zu jeder zeit

spontan wiedererkennen

einkaufszettel

und dann gehe ich in den supermarkt

um mir mein abendessen zu kaufen

und dann setze ich mich vor den fernseher

um mir die nachrichten anzuschauen

und dann schlafe ich etwas früher als üblich ein

um morgens früh noch die nasskalte stille zu hören

und dann fahre ich wie gewohnt zur arbeit

um einen wundervollen tag zu verbringen

und dann denke ich an all das unerledigte

um mir einen plan zu machen

und dann schreibe ich wieder auf

was ich heute unbedingt kaufen muss

und niemand weiß dass jeder anfangsbuchstabe

insgeheim für etwas verbotenes steht

das die welt vielleicht retten könnte

und dann träume ich von den namenlosen blumen

die irgendwann dort blühen wo niemand mit rechnet

dedicated to Pi Zett
@ NULLYOGA.de

Zero

yoga

Z
SUPERHERO
KUNSTYOGA.de

28.12.2017

KUNSTYOGA.DE·

KUNSTYOGA.DE

19. NAHBELLPREIS 2018

Interview des G&GN-Instituts mit TANJA "LULU" PLAY NERD

"Renaissance der engagierten Emotionalität gegen die neue Generation Overchill"

01. NAHBELLFRAGE

Liebe Lulu, in diesem Jahr fällt der Nobelpreis für Literatur wegen all der Skandale aus bzw. wird auf das nächste Jahr verschoben. Der Nahbellpreis dagegen wird dieses Jahr erstmals an ZWEI ausgewählte Dichterinnen vergeben, die noch dazu beide aus Österreich stammen. Ich bin froh darüber, endlich wieder einmal Frauen unter den Kandidaten gehabt zu haben, aber eine Entscheidung zwischen den beiden Finalisten war letztlich unmöglich und da voriges Jahr der angebliche Frauenmangel in der Lyrikszene wiedermal durch die deutsche Presse ging, erschien es nur sinnvoll, den Preis feminin zu verdoppeln, um mit Euch beiden stellvertretend zu zeigen, daß dieser scheinbare Frauenmangel von denselben Medien mitverantwortet wird, die ihn beklagen; denn kritische originelle Dichterinnen gibt es sehr wohl, aber sie werden genauso oft und gern von der Presse ignoriert wie auch die wirklich interessanten Männer der Lyrikszene, die keine preisgekrönte Gemüsedichtung verfassen. Nun bist Du im Gegensatz zu Deiner etablierten Mitgewinnerin Sophie Reyer mit ihren unzähligen Publikationen noch eine Newcomerin im Bereich *"seriöse Lyrik"*, aber trotzdem keine echte Nachwuchsautorin, obwohl Du noch immer recht jung bist; denn Du warst bereits vor Deinem diesjährigen Debutband "LEB JETZT" eine nicht unbekannte Slamdichterin im deutschsprachigen Raum. Jedenfalls behauptest Du das in Deiner Biografie. Stimmt Dein Lebenslauf überhaupt oder ist er Bestandteil Deines gesamten Kunstprojektes, das ja Deiner Angabe nach als Persiflage auf eine russisch-österreichische Hochstaplerin im Kunstbetrieb begann?

01. NAHBELLANTWORT

mein lebenslauf ist tatsächlich ein mix aus tatsächlichen schicksalsschlägen und fakenews, da ich mich damals beim ausstieg aus der slamszene dazu entschied, anonym weiterzumachen. in wahrheit wurde ich in zürich in der schweiz geboren und musste daher viel komödiantisches schwiezerdütsch auf den slambühnen ertragen. meine beiträge waren dagegen fast ausnahmslos hochdeutsch oder sogar englisch und ich hatte ganz guten erfolg beim publikum, aber nur selten bei der jury. **allerdings wurden die witzigen spaßtexte meist eher belohnt als wirklich *"seriöse"* poesien mit anspruchsvolleren wortspielen, die zu schwierig zu verstehen waren, wenn sie nur einmal spontan im ambiente eines slams gehört wurden.** darum hatte ich auch die lust am auftreten irgendwann satt und wollte nochmal von vorne beginnen. aber wenn du schon in der szene dein fett weg hast, würdest du mit seriösen gedichten nicht ernst genommen werden oder vielleicht nur bejubelt, weil sie dich eh lieben, ohne die sachen zu verstehen. also riskierte ich meinen literarischen neuanfang unter pseudonym. und es machte mir wirklich mut, ziemlich schnell von dir für den poesiesalon und von fixpoetry angenommen/aufgenommen zu werden. zu dem zeitpunkt war mein debutband noch gar nicht vollendet. und dass der dann gleich zum nahbellpreis geführt hat, macht mich fast sprachlos vor glück, ehrlich! es ist mir egal, dass meine ehemaligen slamfans davon kaum notiz nehmen – sie würden die texte doch eh nicht interessieren: **humorlose weltanalyse mit zu romantischer sehnsucht nach einflussnahme aufs gesellschaftliche geschehen!** ich denke, die würden mich jetzt irgendwie peinlich und langweilig finden. und ich hätte auch keinen bock, irgendwo ein gespräch zu belauschen nach dem motto:

hast du schon mitgekriegt, tanja macht jetzt auf lyrikerin...

02. NAHBELLFRAGE

Also von *"humorloser Weltanalyse"* kann man bei Deiner Emojikunst kaum sprechen; denn die ist wirklich extrem bissig, zynisch und mit vielen humoresken Details gespickt! Aber daß ein gewisses Maß an *"romantischer Sehnsucht"* in Deinen Gedichten nicht zeitgemäß sei oder speziell Slampublikum vergraulen könnte, irritiert mich schon: ich habe schon oft gerade junge Slamer(innen) gehört, die ihren Frust über die Welt rauslassen und damit gut ankommen. Mir scheint sogar, daß seit einigen Jahren vorallem der richtige Mix aus obszöner Comedy und zynischer Politik genau das ist, was die Leute wertschätzen. Ich meine, diesen Mix auch aus Deinen Gedichten herauszulesen. Und gerade weil Du diesem lebensphilosophischen Zynismus noch Deine ehrliche, emotionale Sehnsucht nach einer besseren Welt überstülpst, wird doch daraus *"echte"* Lyrik, oder nicht? Eine *"Einflussnahme aufs gesellschaftliche Geschehen"* ist damit allerdings wohl ebenso unwahrscheinlich wie live on stage beim Poetryslam. Wer liest Deine Gedichte und wen oder was können sie eigentlich beeinflussen?

02. NAHBELLANTWORT

das ist eine gute frage... kein plan... vielleicht liest sie gar keiner. ich meine: es gibt so viele lyriken im internet, auch bei fixpoetry bist du in einem labyrinthischen archiv aus unterschiedlichsten stilen. **im grunde ist doch die poesie heutzutage genauso ein megapestizidvergifteter supermarkt wie die politik: alles ist völlig tabulos erlaubt, aber nichts hat eine auswirkung auf wirklich schreckliche weltprobleme!** mag sein, daß auch ich zu obszöner comedy neige, das kam eben immer am besten an, aber mir liegt wesentlich mehr an dem, was du *"ehrlich emotional"* nennst: **eine gewisse literarische renaissance der engagierten emotionalität, ohne sentimental oder fanatisch zu werden, sondern auf einem seismografischen seelischen level *"berührt"*,** wie du es in deiner netten rezension auf amazon über meinen gedichtband LEB JETZT schon geschrieben hast. daher mach' ich auch viel mehr aktionistisch bei allen möglichen projekten mit, die sich nicht einfach mit trumptypen abfinden, sondern ganz klassisch demonstrieren, petitionen signieren und events veranstalten, um das volk aufzuklären. das hat noch dazu einen schönen nebeneffekt: du kommst raus und mit netten menschen zusammen, ein stückweit echtes leben wird dadurch hinzugewonnen oder zurückgewonnen, das ich in unseren städten so lange vermisst habe. **das hohle bumbum-partyleben in**

zürich, berlin und wien ging mir total auf den senkel, die leute sind immer nur drauf und dadurch total unerreichbar für stille gespräche über tiefere sorgen, und die vielgepriesene kreativwirtschaft besteht nur aus yuppies und losern, während die wirklich spannenden menschen, die in der politik mitmischen müssten, deine normalen nachbarn sind, die schon vor langer zeit das handtuch geworfen haben. ganz ehrlich, ich könnte den ganzen tag schreien, wenn ich mir all diesen weltwahnsinn nicht ab und zu von der niere schreiben täte! **und wenn ich nur mit einem einzigen kleinen gedicht irgendwo jemanden retten oder ein arschloch therapieren könnte, ich wäre die glücklichste schriftstellerin auf der welt!**

03. NAHBELLFRAGE

Wow, da spricht die Revoluzzerin in Dir! RoN Schmidt würde dem wohl entgegenhalten *"die Welt ist schon gerettet"*, aber vielleicht widerspricht sich das gar nicht, sondern ergänzt sich: Du hast ja in Deinem Auftaktmanifest, das damals zur Wahl des deutschen Bundestages kursierte, schon angedeutet, daß es Dir nicht um Programme geht, sondern um den *"lebendigen Alltag"*, der hier und jetzt stattfindet. Ist das eine neue Art von Spiritualität, die uns seit Eckhart Tolle zur Beruhigung der Nerven verklickert wird, um in erleuchteter innerer Balance für nichts mehr Partei zu ergreifen, sondern nur noch hypnotisch gechillt zu bleiben? Du gehörst mit Deinem sozialkritischen Impuls ja nun wirklich nicht zur neuen Generation *"Overchill"* ! Da verbindet sich in Deinen Texten doch irgendwie beides miteinander: das stille Angekommensein mit der lautstarken Aufgeregtheit? Ist DAS vielleicht das wirklich Neue an Deinem *"engagierten"* Stil? Und könnte genau das nicht auch bei Slams gute Wirkung erzielen: der leise Gong mit dem lauten Gaga vereint in der Performance?

03. NAHBELLANTWORT

also ich denke auf jeden fall, daß sich die allerjüngste *"generation overchill"* durch die handy-ära entwickelt hat: alles wird über den minimonitor kommuniziert und konsumiert, und das perverse daran: selbst die spiritualität wird über apps konsumiert! yogaapp, meditationsapp, spiritualbookapp: alles kommt dir digital ins haus, niemand braucht dafür in echt mehr raus! auch politik lässt sich per mausklick erledigen: petitionen werden per touchscreen signiert. **touchscreen against torture!** aber es hat auch einige vorteile: das bürokratische blabla geht leichter und schneller, so daß ich schon auf dem weg zu einem meeting das drumherum abgearbeitet habe und über den stand der dinge informiert bin. ich genieße es zum beispiel extrem, vom strand aus den tag vorzuplanen, um danach entspannt mit den schildkröten zu tauchen, bis es so weit ist. hawaii ist ja nicht nur aus psychotherapeutischen gründen balsam für diese panik in meinem havarierten herz, die ich im grunde nur durch natur und liebe besänftigt bekomme, sondern hawaii birgt auch eine vielzahl an organisationen, die von amerika rüberschwappen, hier ableger aufbauen, und wir so einiges an ideen beitragen, die vielleicht nur hier am strand ganz gechillt geboren werden können. wie auch meine gedichte. **ich brauche den abstand zur zivilisation, um sie dadurch umso gestochener vor dem** inneren auge zu analysieren und *"anzugreifen"*. ob sich da gaga und gong so vereinen, daß es auch slamtauglich wäre, müsste ich erstmal testen. aber prinzipiell sind die gedichte doch eher zum lesen für sich alleine gedacht. als säße der leser auch an einem verwunschenen paradiesstrand und schaute hoch in den himmel auf einen nahenden planeten wie in lars von triers melancholia...

04. NAHBELLFRAGE

Was hast Du denn seit der Publikation von LEB JETZT neues geschrieben? Der Gedichtband endet am Weltfrauentag vor über zwei Monaten und ich sehe in letzter Zeit nur noch Emoji-kunst auf Deinen Accounts und die Nachrichten über den Vulkanausbruch, den Du sogar künstlerisch kommentiert hast. Ist denn schon ein Gedicht über den Kilauea entstanden, das weder unpolitische Naturmystik noch apokalyptische Panikmache transportiert? Ich stelle mir Dich gerade als Reporterin in Reimen vor...

04. NAHBELLANTWORT

als reporterin empfinde ich mich nun nicht grad, das wäre genau die veraltete engagierte politlyrik, die morgen schon hinfällig ist, wenn das thema vom tisch ist, weil sich kein geld mehr damit machen lässt. **andy warhols kritik an der 5-minuten-ruhm-gesellschaft greift leider auch bei all den dramatischen szenarios, die uns die medien ins haus liefern: kein arsch interessiert sich für opfer, wenn das spektakel vorbei ist! das eigentliche leiden beginnt im alleingelassen werden mit den schmerzen und langfristigen narben.** die medien lassen uns prompt im stich, wenn ein noch *"schöneres"* und *"gruseligeres"* spektakel irgendwo anders beginnt; denn die einschaltquoten sind das, was die lava glühen lässt! die revolution wird auch aus diesem grunde nicht nur vom fernsehen nicht übertragen (wie gil scott-heron es sang) geschweige denn gemacht, sondern die **revolution ist prinzipiell etwas anderes, als das, was konsumiert und kommuniziert wird: revolution geschieht erst im handwerklichen prozess hinter den kulissen.** ein neues bilinguales gedicht vom 21. mai mag das beleuchten. den vulkanausbruch habe ich darin nur dezent verewigt:

world revolution day / weltrevolutionstag

05. NAHBELLFRAGE

Dein neues Gedicht empfinde ich als ein schönes Beispiel für die sensible Synthese aus Engagement und Emotionalität! Glaubst Du, Dein Ansatz hat ein Alleinstellungsmerkmal oder kennst du andere Dichterinnen, die in eine ähnliche Richtung arbeiten, um Politik in die Lyrik miteinzubeziehen, ohne zu anachronistischem Agitprop zu führen?

05. NAHBELLANTWORT

agitprop war ja eher eine kommunistische formel und ich bin sowieso absolut kein anhänger von ismen. vor vielen jahren habe ich alles verschlungen, was sich von claire goll heutzutage noch (meist antiquarisch) beziehen lässt: tagebuch, prosa, lyrik, egal. auch das liebesgedichte-hinundher mit ivan goll ist tief und poetisch und nicht kitschig trotz der bemüht wirkenden metaphern, aber für heutige zeiten ist dieses drumherumreden ein wenig zu blumig, allerdings keineswegs *"hermetisch"*, wie so manche bieder-blümerante gemüsedichtung, und liest sich daher noch immer viel progressiver als das zeitgenössische preisträgerzeug der altbackenen *"generation von jetzt"*. ich bin mittlerweile definitiv großer fan von safiye can und melamar, die beide sehr starke emotionale und engagierte lyrikerinnen sind. lütfiye güzel finde ich auch hochspannend, aber ich kenne sie erst durch deinen poesiesalon und den artikel von gerrit wustmann über die fehlende frauenpower in der szene. ich sollte von ihr unbedingt noch mehr lesen, aber es ist ziemlich schwer, an ihre bücher zu kommen...

06. NAHBELLFRAGE

Was würdest du denn mit der Preissumme machen, wenn ich sie ausschütten könnte? Hast du konkrete Zukunftspläne, die mit Hawaii oder einer Zeit nach Hawaii zusammenhängen? Oder bleibst Du dort und tauchst immer tiefer in die politischen Aktivitäten ein?

06. NAHBELLANTWORT

schwierig zu sagen. ich mag das spezielle lebensgefühl und die hier geborenen menschen. ich bin ja keineswegs zum allerersten mal hier, sondern kenne verschiedene stellen auf allen inseln von früher, weil meine eltern hier freunde haben. mein vater wohnt seit einiger zeit auch wieder selber hier, weil er in unserem letzten gemeinsamen urlaub eine wundervolle neue lebenspartnerin kennengelernt hat, eine einheimische, mit der ich mich so gut verstehe, daß ich überhaupt kein problem habe, sie als eine art stiefmutter oder eher sogar ältere freundin zu akzeptieren. und ich bin einfach gerne in der nähe meines vaters, er wird ja auch nicht jünger. vielleicht brauche ich auch eine gewisse zeit, um von der subtilen schwermut wieder ganz wegzukommen, die mich letztes jahr überkam, als ich das manifest schrieb. **ich fühle mich ein wenig orientierungslos und muss mit den möglichkeiten experimentieren, die sich von einem tag auf den anderen durch die zufälligen begegnungen ergeben.** das preisgeld würde ich höchstwahrscheinlich für eine größere wohnung mit freiem blick auf den strand investieren und dann dort schreibseminare anbieten und die verstreuten freunde aus aller welt einladen, zu mir zu ziehen, um einfach zu leben, bis sich kreative impulse aus einem freien lebensgefühl ableiten. **wenn geld da ist, fängt der mensch ja erst an, frei zu**

denken, ohne den ökonomischen druck, diese unmenschliche belastung, die uns von allen regierungen auf der welt angetan wird, die auf unsere kosten gut leben, aber uns totarbeiten lassen. ich könnte gar nicht genug geld haben, um damit soziale projekte zu unterstützen und selber voll durchzustarten! es ist doch zum kotzen, wie viel geld überall in den falschen händen gebündelt wird, ohne die welt zu... retten oder zumindest zu heilen! sagen wir heilen! nennen wir es doch ein bisschen esoterisch im sinne der gaia-idee einer *"mutter erde"*, warum auch nicht! dieser planet ist doch unsere einzige heimat und wenn überall lava aus ihr hervorströmt, sieht es fast aus, als blute die mutter! der planet hat seine periode! er brodelt und glüht und spuckt seine organe aus! es ist ein würgen und quetschen, ein aufplatzen und spritzen, ein tarantinofilm ist da harmlos dagegen! ich weiß nicht, tom. **so viel sehnsucht und so viele utopien, so viele gescheiterte menschheitsentwürfe nach so vielen jahrtausenden zivilisationsgeschichte** und so viele vollkoffer, die sich präsidenten nennen, aber nur elitäre narzistische abzocker sind – kein geld der welt wird diesen virus der dummheit, der totalen verblödung auf der obersten etage ausmerzen (außer vielleicht eine architektonisch erweiterte merzkunst, die einfach an den idioten vorbeibaut?), die präsidenten wachsen immer wieder nach, weil ihre konzerne auch weitermachen... und was das *"weitermachen"* betrifft, hat uns ja schon rolf dieter brinkmann genug wahrheit eingebleut. sein radikaler ekel und diese sehnsucht nach intensivem leben gemischt mit thomas bernhards bitteren preisreden: ja, das ist auch in mein herz eingeflossen. aber ob das in meinen gedichten zu spüren ist: keine ahnung...

07. NAHBELLFRAGE

Und was ist mit Deiner Emojikunst: Seit wann machst Du diese digitalen Foto-Emoji-Montagen? Schon früher parallel zum Slamen oder erst als Satire auf diese Hochstaplerin, nach der Du Dich nun benannt hast? Deine ersten Arbeiten finde ich erst ab 2016 auf Twitter. Gab es früher schon künstlerische Ambitionen? Was war zuerst da: die Kunst oder die Literatur?

07. NAHBELLANTWORT

alles begann vor über zehn jahren mit dem spontanen vortrag. ich hatte ungeheuer viel spaß am performen, an dieser knisternden stimmung beim slam, wenn ich ans mikro ging, diese eisige totenstille eintrat, und ich den blick in das schwarze nichts wendete, wo sich durch das blendende scheinwerferlicht hindurch die geifernde masse befand, die nur darauf wartete, meine rede wie ein hungriges wolfsrudel zu zerfetzen oder mich wie eine göttin durch den applaus in den olymp zu heben. das war adrenalin pur! es machte süchtig! **dieses gefühl der totalen freiheit, zu sagen, was immer du willst, dieser größenwahn, diese macht über das publikum zu haben**, das seinerseits kein mikro hat wie in einem echten hiphopper battle, sondern das meinen text erstmal ertragen muss, und nur durch das klatschen oder buhrufen am ende beeinflussen kann, ob der gladiator getötet oder geehrt wird. **den text selber konnten sie nicht verhindern, der text war das heilige, göttliche, das als gigantische schallwelle in ihren ohren ankommt.** ich war mit dieser kunstform des live performens voll ausgelastet, jahrelang, und bin erst durch diese ulknudel, die mit ihren superlativen lorbeersprüchen eigentlich nur als virtuelles mediengespenst durch den österreichischen kunstbetrieb spukt, aus quatsch darauf gekommen, fotos mit einer fotoeditorapp zu überarbeiten. das war eine art zufälliger ablenkung, geistloser zerstreuung oder sogar manchmal selbsttherapie, so wie andere beim telefonieren ganze papiere mit labyrinthischen ornamenten vollkrickeln. mir ist ja am ende der schädel nach auftritten geplatzt, **diese droge *"text"* war eine selbst verabreichte überdosis an wörtern, die mich nach einem slam noch im traum verfolgten.** das war auch der einzige grund, warum ich dann irgendwann anfing, die texte im nachhinein aufzuschreiben: ich musste sie wie einen fluch magisch bannen, um sie aus meinem kopf wieder rauszutreiben, aber ich konnte gar nicht so viel schreiben, wie ich performte. **ich war keine literatin, ich war nur live wirklich gut. darum hab' ich auch keinen der slamtexte jemals veröffentlicht. das war keine literatur, sondern nur eine eventös akademisch aufgeblähte echtzeitdroge für das partyvolk.** klar, daß dann irgendwann dieser ekel begann, und ich das ganze format *"slam"* nur noch widerlich fand: alle saufen und kiffen, vor und auch hinter der bühne, **es geht überhaupt nicht um inhalte, es geht nur um ficken, fame und fun!** wenn du bedenkst, daß der slam mitte der achtziger ursprünglich hochgradig politisch war, als marc smith ihn erfand, weil da auch street rapper aus den ghetto stadtvierteln auftraten, dann ist davon null übrig geblieben. **politik hat zwar seit einiger zeit wieder einen gewissen höheren spaßfaktor erworben, aber nicht als kritik am system sondern nur als satire mit endgeilem klamauk.** während dekadente studenten immer höheren eintritt für poetry slams zahlen, um ihre persönliche tristesse royale in einer trendy coolness zu ersaufen, verdrängen sie das dystopische sterben der bienen und die gletscher im ewigen eis schmelzen weiter und weiter, völlig unbeeindruckt von unserer literatur! der slam ist schon lange tot, aber für mich war er noch nie toter als zu dem zeitpunkt, seitdem ich mich vor mir selber dort oben auf der bühne zu ekeln begann...

08. NAHBELLFRAGE

Heißt das, Du wirst nicht mehr auf Slambühnen auftreten, sondern nur noch *"echte"* Lyrik schreiben und publizieren? Oder könnte vielleicht auch ein Wunder geschehen und Du würdest in das Milieu heimkehren, in dem Du gelernt hast, was Literatur kann und was das Publikum will?

08. NAHBELLANTWORT

es wäre kein *"heim"* kehren; denn ich war nie wirklich heimisch im slam. mein zuhause war immer schon dieser seelische innenraum, in dem ich die welt mit den richtigen worten sortiere. **aber auch mit der lyrik an sich bin ich nicht sicher, wie lange das fruchtbare ergebnisse abwirft. mir ist daran gelegen, die welt nicht noch mehr zuzumüllen.** ließe sich die erde vom weltall aus so betrachten, daß nicht nur das elektrische licht überall auf der nächtlichen halbkugel sichtbar wäre, sondern noch zusätzlich die werbetafeln mit ihren hohlen verkaufsschlagern und alles, wo sprache zu plakativen zwecken missbraucht wird: der planet würde grell leuchten vor lauter wortmüll! ich werde mich hüten, gedichte am laufenden fließband zu produzieren, nur um mit dauerndem high speed *"im gespräch"* zu bleiben – lieber gerate ich in vergessenheit mit einem überschaubaren werk, das ein konzentrat meines lebensgefühls darstellt, als mich mit eye catcher buchtiteln in selbstwerbung zu verausgaben, nur um bis ins hohe alter bei der meute angesagt zu sein. den neuen feminismus, den du in deiner amazon rezension andeutest, mag es schon geben, aber bestimmt nicht aus solchen frauen bestehend, die nur alte männer nachahmen, denen wir das apokalyptische desaster aus monokultur à la soylent green (scifi-klassiker) und mikroplastik verdanken. wir brauchen aber auch keine weiteren neuen männer (wie es ina deter in meinem geburtsjahr vor bald vierzig jahren sang), die ihre sixpacks und nutrition smoothies auf instagram so irre irreversibel hirnlos zur schau stellen wie die fitnessbräute ihre falschen fingernägel, blowjoblippen, blowtoxfrisuren und faltenfreien zombiebotoxgesichter wie im film brazil (von terry gilliam, monty python). **wenn überhaupt, dann brauchen wir ideologiefreie neue MENSCHEN, die sich nicht mehr über ihr gender klassifizieren, sondern über restlos innere werte wie liebe, wohlwollen, empathie, urvertrauen, neugier, interesse, offenheit, fürsorge, ehrlichkeit und aufrichtigkeit im umgang miteinander. weil wir menschen sind. eine große familie. wir sind alle verwandt miteinander.** trump mit putin mit jinping mit macron mit kim jong mit assad mit erdogan mit kurz mit merkel mit maurer und berset. nicht nur ein globaler klüngel, sondern vetternwirtschaft vom feinsten. wenn eines tages aliens landen sollten, möchte ich mich nicht für meine geschwister schämen müssen, die sich dann wahrscheinlich streiten, wer den freunden aus den unendlichen weiten des weltraums als stellvertreter die hand zuerst schütteln darf, obwohl die aliens weder freunde sind noch hände haben…

LYRIK VIRUS
KUNSTYOGA.DE
Tanja Lulu Play Nerd

LYRIK VIRUS

WELTLYRIK.DE

Tanja Lulu Play Nerd

LYRIK VIRUS

POESIEPREIS.DE

Tanja Lulu Play Nerd

LYRIK VIRUS
POESIESALON.DE
Tanja Lulu Play Nerd

LYRIK VIRUS
LYRIKZEITUNG.DE
Tanja Lulu Play Nerd

LYRIK VIRUS
URRUHE.DE
Tanja Lulu Play Nerd

Die englischen Gedichte als eBook-Compilation:

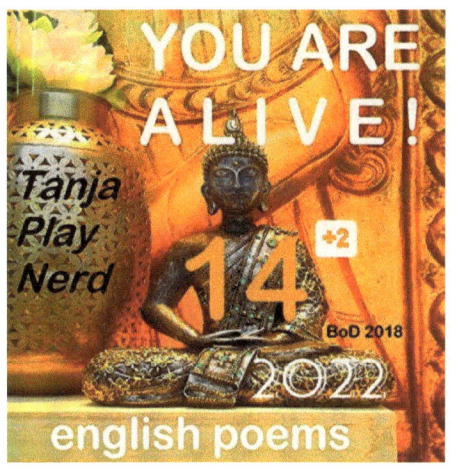

Die ersten beiden Bände im eBook fusioniert:

Tanja "Lulu" Play Nerd (Künstlerpseudonym)

wurde am 3. Februar 1982 in Winterthur/Schweiz *"auf die Welt losgelassen"*, ihre Mutter starb bei der Geburt und ihr grün angehauchter Vater nahm sie mit zu den Ostermärschen. Unter ihrem bürgerlichen Namen performte sie auf Slambühnen. Sie stand Avaaz und dem BGE nahe und sagte dazu: *"irgendwas muss schließlich getan werden"*. **Ihre erste Publikation von 2017 hieß "WÄHL DAS LEBEN!" und war ein reines eBook.** Das darin enthaltene Manifest findet sich auch als Gastbeitrag für das LDL-Portal Urruhe.de (Liga der Leeren) und war auf ihrer Autorenseite beim legendären Lyrikszene-Portal Fixpoetry zu lesen.

Tanja über sich: *"Alles begann vor einer Weile damit, daß mir eine russisch-österreichische Popkünstlerin fürchterlich auf die Nerven ging mit ihrer größenwahnsinnigen bornierten Selbstvermarktung und ich spontan anfing, eine Satire auf ihren Lifestyle zu erfinden. Auf X (Ex-Twitter) begann ich deshalb 2016 unter dem Pseudonym Tanja Play Nerves."* **Aus Frust über die politische Einflusslosigkeit der deutschsprachigen Poetryslam-Szene wanderte Lulu Ende 2017 nach Honolulu (Hawaii) aus,** von wo aus sie sich incognito für Frauenrechte, Flüchtlinge, die Antitrumpbewegung und diverse geheime Projekte zur Weltrettung engagiert. **Am 21.6.2018 erhielt sie vom deutschen G&GN-Institut den 19. Nahbellpreis** für ihre *"lebenslängliche Zeitgeistresistenz und Unbestechlichkeit im Gesamtwerkprozess"*.

Homepage: **kunstyoga.de** & YouTube-Playlist: **weltlyrik.de**